LÉON DE ROSNY

LA MORALE

DU

BOUDDHISME

DEUXIÈME MILLE
Prix : 50 centimes.

GEORGES CARRÉ, ÉDITEUR.

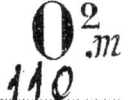

LA MORALE

DU

BOUDDHISME

PAR

LÉON DE ROSNY

PARIS
GEORGES CARRÉ, ÉDITEUR
58, RUE SAINT-ANDRÉ DES ARTS, 58
1891

gion est aussi une philosophie, il est des cas où elle ne peut plus conserver le privilége de dogmes absolument arrêtés et immuables : elle est alors soumise à la loi du progrès et à toutes ses conséquences. Condamnée à suivre presque pas à pas la marche évolutive de l'esprit humain et rarement à la devancer, elle participe à ses périodes de grandeur comme à ses instants d'abandon : elle subit les incertitudes des investigations scientifiques ; le scepticisme a droit de séance dans ses assises et dans ses conciles.

Malheureusement pour les religions, la foule inculte qui, par le nombre, fait leur force et leur puissance, ne se contente pas d'apprendre d'elles la manière de bien vivre et de pratiquer le devoir : elle les oblige à lui promettre un appui surnaturel dans ses misères d'ici-bas, une rémunération au delà de son existence terrestre. De nos jours, elle est plus exigeante encore : elle entend recevoir des réponses catégoriques à ses questions les plus indiscrètes, et ne reconnaît pas aux ministres du culte la faculté de se prévaloir de l'inconnu pour arriver à s'y soustraire.

C'est ainsi que la masse ignorante a contraint presque toujours les gouvernements des âmes à se réfugier dans des formules ambiguës et à recourir d'une façon plus ou moins avouée aux ressources de l'ésotérisme, afin de satisfaire à la fois aux besoins d'affirmation des cœurs simples et à l'impatiente curiosité des esprits inquiets.

Le côté faible du Bouddhisme est certainement d'être, au moins dans une certaine mesure, une religion doublée d'une philosophie. S'il eût pu se maintenir dans les voies d'amour, de charité et de commisération que lui avait si largement ouvertes son fondateur, — réel ou supposé, peu importe, — il aurait sans doute échappé aux dangers de nombreuses dissidences. Les spéculations philosophiques, qui n'ont pas tardé à s'introduire dans son sein, ont bientôt donné accès à des sectes hétérodoxes, et il en est résulté des doctrines multiples où l'on est porté, si on n'en approfondit pas suffisamment les principes, à voir les plus incroyables écarts dans la manière de comprendre le grand problème de la vie et celui de la destinée. Un examen superficiel de ces doctrines peut y faire constater la culture du déisme en même temps que celle de l'athéisme, la croyance dans la perpétuité de l'âme à côté de la foi dans son complet anéantissement.

De pareilles contradictions sont en vérité plus apparentes que réelles, et une analyse minutieuse des diverses théories bouddhiques permet de découvrir une unité fondamentale de dogme qu'on ne peut méconnaître ensuite qu'en se rendant volontairement complice de toutes sortes de malentendus.

Mais ce n'est pas de la philosophie du Bouddhisme dont je me propose de parler aujourd'hui. Cette philosophie est trop complexe pour pouvoir être exposée ailleurs que dans un ouvrage de longue haleine, et il convient de ne l'aborder qu'en l'envisageant tour à tour sous chacune de ses faces principales, sauf à tenter ensuite l'esquisse d'une vue d'ensemble pour bien faire ressortir la savante conception de son économie générale.

Mon but est plus modeste : j'ai seulement l'intention de signaler quelques aspects particuliers de la morale d'une religion qui appartient essentiellement à la race de nos premiers ancêtres civilisés. L'étude de cette morale fournira, je pense, un nouveau témoignage de la valeur intellectuelle de nos aïeux asiatiques, et la preuve que les Aryas, nos pères, il y a plus de deux mille ans, savaient tirer parti de ces puissantes aperceptions qui permettent aux hommes de devancer la marche des siècles et de déchiffrer à longue distance les plus profondes énigmes de l'avenir.

En somme, il n'y a pas deux morales, une bonne et une mauvaise, à moins qu'on préfère les disputes de mots à l'intelligence des idées. Admettre deux morales, autant vaudrait soutenir qu'il existe du bien qui est bon et du bien qui est mauvais. Au plus pourrait-on imaginer une morale relative, une morale incomplète, une morale locale, une morale mondaine en parallèle avec une morale ascétique; mais ce serait à coup sûr rétrécir la question. Quoi qu'il en soit, une morale religieuse doit avoir la prétention d'être quelque chose de plus qu'une morale conventionnelle : elle doit s'affirmer excellente, ou ne rien être du tout. Si on lui trouve des côtés faibles, c'est qu'on se préoccupe des considérations qui ne lui sont pas absolument adéquates, c'est qu'on lui associe des corollaires bâtards et hétérogènes.

La vraie morale doit, en outre, être partout la même sans qu'il y ait à tenir compte des conditions de temps ou de climat. Si, nulle part, elle n'a été résumée par une parole plus simple et plus aisément compréhensible que celle de l'Évangile : « Aimez-vous les uns les autres », partout elle a fait mouvoir les mêmes ressorts, partout elle a eu le même objectif. Dans la pratique seulement, elle a pu être appliquée d'une façon plus ou moins heureuse, plus ou moins conforme à ses propres exigences, à ses propres revendications. Au fond, elle est toujours la même. Les enfants de Dieu ont tous reçu en héritage de leur Père céleste un même instinct confraternel. Et si cet instinct ne fonctionne pas sans cesse comme il le devrait, c'est bien plutôt par le fait de l'ignorance que par celui du raisonnement. Si l'être se laisse entraîner par les conseils délétères de la concurrence vitale, il ne tarde jamais à entendre les échos de la réaction conscientielle. La morale, une et absolue par son essence, ne peut donc varier que fortuitement dans ses applications ; et comme elle ne varie dès lors que par l'insuffisance de savoir et de pensée de ceux qui la mettent en œuvre, c'est en faisant appel à l'étude et à la réflexion qu'on doit parvenir à lui assurer ses véritables bases.

La morale, en effet, nous enseigne qu'il faut faire le bien, et jamais on ne l'a compris autrement sur les bords du Gange ou sur ceux du Jourdain. Reste à savoir, il est vrai, ce que c'est que le bien. L'instinct nous donne un commencement de réponse à la question, mais il ne suffit pas pour nous la donner tout entière. C'est à l'instinct que nous devons cette tendance généreuse et compatissante qui nous fait chercher un être en dehors de nous et nous prédispose à l'aimer. Cependant l'instinct n'est pas de sa nature exclusivement altruiste ; il se laisse entraîner bien souvent, avec d'assez faibles résistances, aux calculs de l'égoïsme. Un régulateur lui est nécessaire : ce régulateur, il nous appartient de le construire avec tous les ressorts de notre économie intime et de l'édifier sur la double base de notre conscience et de notre raison. C'est pour l'accomplissement de ce travail intérieur que l'homme doit apprendre et doit réfléchir. L'enseignement religieux, qui a pour but de lui donner les moyens d'apprendre et de réfléchir, est le plus haut enseignement qu'il soit possible de concevoir : c'est, à tous égards, l'enseignement du Bouddhisme.

Est-ce à dire que cet enseignement ne se rencontre que dans le Bouddhisme et n'apparaisse pas aussi dans le Christianisme ? Assurément non. Les philosophes chrétiens ont bien raison de soutenir que les grandes vérités, celles du Bouddhisme comme les autres, doivent être rapportées à la source même du Christianisme. Leur seul tort est d'essayer de le démontrer par des arguments historiques. Il y a des vérités qui portent en soi leur démonstration, et qui, en tout cas, ne sont pas du ressort de l'histoire. C'est prendre une peine bien inutile que de chercher à établir que le bien, le vrai, la beauté parfaite dérivent de l'éternelle perfection, si le but est d'insinuer que l'éternelle perfection est l'idéal d'une certaine doctrine et non point l'idéal des autres. Des arguties de ce genre sont non seulement misérables au point de vue de la philosophie, mais elles sont criminelles dans la pratique, puisqu'elles ne peuvent avoir d'autre résultat que de diviser les hommes et de leur faire oublier la sainte parole : *In terra pax hominibus bonæ voluntatis!*

La morale, aussi bien chrétienne que bouddhiste, n'est rien autre chose que la loi d'amour établie en vue de l'œuvre éternelle de la nature. L'œuvre éternelle de la nature, c'est l'évolution des êtres en voie de retour dans le Pantos, dans le Grand-Tout, dont ils ne sont sortis que parce que leur sortie était une nécessité pour résoudre le problème de la Perfection, problème qui eût été à jamais insoluble si le corollaire de Liberté — et par conséquent de mouvement et de sélection — ne lui avait été acquis. Telle est, du moins, la manière dont les écoles modernes du Mahâyâna comprennent le mécanisme moral de l'univers ; et il ne serait pas impossible d'établir que cette manière de voir a été celle du bouddha Çâkya-Mouni lui-même ou de ses premiers adeptes.

Avant de retourner dans le Grand-Tout, et durant leur existence dans le monde de la forme, les êtres doivent travailler sans relâche à l'accomplissement de leur mission temporelle. Ils peuvent obtenir le salut par la science, dit un *Oupanichat*; ils peuvent le gagner au moyen de l'amour, dit un *Pourana*. La science et l'amour sont, dans le Bouddhisme, les deux facteurs essentiels de l'univers. On ne saurait expliquer autrement que par leur association avec le libre arbitre le motif de la création ; et je ne pense pas que le Christianisme fasse usage d'un autre genre de raisonnement pour en rendre compte.

Bien que l'Amour et la Science soient les deux coefficients essentiels dans le dogmatisme bouddhique, ils ne le sont à titre égal qu'à la condition de se compléter l'un l'autre, de se confondre en quelque sorte, de devenir une seule et même chose. Jusqu'à leur complète unification, l'amour n'est qu'un véhicule à l'aide duquel l'être peut obtenir la Connaissance, mais l'Amour n'est pas la Connaissance elle-même. Si l'être ne possède pas ce véhicule, et jusqu'à ce qu'il l'ait acquis, il est condamné à suivre la chaîne des transmigrations dont il ne parvient à se délivrer qu'après avoir fait disparaître non seulement toutes les entraves résultant de sa condition corporelle, mais encore le souvenir, la réminiscence de ces entraves.

« Il faut, dit la loi bouddhique, pour atteindre au nirvâna, perdre conscience de la fonction individuelle, oublier ensuite qu'on a perdu cette conscience, et ignorer enfin qu'on a oublié de l'avoir perdue. »

Sous l'empire d'une telle morale, il est évident que l'instinct égoïste voit sans cesse se rétrécir la place qu'il s'est arrogée dans l'économie intime, en même temps que grandit celle du sentiment altruiste. Mais le sentiment altruiste, lui aussi, ne représente qu'une période transitoire dans le travail émancipateur. Le terme suprême de son évolution doit le conduire à ne plus aimer que l'éternel principe d'où émane tout amour et où tout amour doit nécessairement revenir.

L'énonciation de cette idée fondamentale sur laquelle repose le Bouddhisme a provoqué bien des malentendus et ouvert la porte à bien des erreurs. Je n'ai pas à discuter ici une affirmation gratuite trop souvent répétée, et suivant laquelle le *nirvâna* ne serait rien autre chose que la perte absolue de l'individualité, la confusion des âmes dans le néant. Autant vaudrait dire qu'un rouage de montre a cessé d'exister du moment où il a été mis à sa place, du moment où il est devenu partie intégrante d'une montre. L'être est un rouage de la grande machine : il prendra sa situation définitive, sans pour cela cesser d'exister, lorsqu'il sera devenu assez parfait pour répondre aux exigences de la dynamique universelle.

Quant au reproche d'égoïsme qu'on a formulé contre la morale bouddhique, il ne peut aboutir qu'à montrer une fois de plus combien la logomachie dénature non seulement les faits et les idées, mais nous entraîne même, lorsque nous voulons les apprécier, aux dernières limites de l'absurde. On a dit, par exemple, que le Bouddhisme était égoïste, parce qu'il incite l'homme à se désintéresser des choses du monde pour n'agir qu'en vue du salut personnel. Égoïste ! le Bouddhisme, dont le plus grand défaut est peut-être de ne pas sauvegarder suffisamment l'intérêt de l'individu, en songeant trop à la collectivité. Égoïste ! une doctrine qui a poussé jusqu'à l'extrême l'amour de toutes les créatures et la complète abnégation du moi.

Faire le bien ici-bas dans l'espoir d'une récompense d'outre-tombe, tel est le précepte de presque toutes les religions. Ce précepte, qui repose sur le côté faible de notre organisme, laisse à désirer, en ce sens qu'il ravale la dignité de l'homme. L'idéal est évidemment de faire le bien pour le bien, sans amoindrir la valeur de l'acte par une attente mercenaire. Le correctif désirable est énoncé dans le Bouddhisme. On y enseigne qu'il faut pratiquer le bien, parce que le bien est nécessaire pour accomplir la grande œuvre de la nature; que se conformer aux exigences de cette grande œuvre est la seule satisfaction vraie que puisse goûter l'être dégagé des entraves de la forme et de tous les désirs qui, sans cesse renouvelés, jamais assouvis, n'aboutissent qu'à des déceptions et à de continuelles souffrances.

Il n'est pas impossible de se former une idée des satisfactions impersonnelles de l'être, alors même qu'il n'a pas encore obtenu l'état de supériorité intellectuelle où l'on ne parvient que lorsqu'on s'est affranchi de l'esclavage des sens et de l'illusion du moi ou *âtman*, cause de tant de souffrances. N'arrive-t-il pas notamment à l'homme de goûter une véritable joie, du seul fait que le succès couronne une œuvre à l'accomplissement de laquelle il a participé? L'ambition de voir durer après soi une entreprise utile qu'on a commencée ne procède-t-elle pas d'un sentiment cosmique où l'égoïsme ne revendique déjà plus qu'une assez faible part ? Le sacrifice volontaire de notre confortable, des jouissances qui nous sont offertes, de la vie même que nous abrégeons de parti délibéré, sacrifice accompli pour la poursuite d'une idée, ne révèle-t-il pas autre chose que le besoin de satisfaire un intérêt purement personnel ? Est-ce bien notre nom, notre renommée que nous voulons voir survivre à notre courte existence, ou bien plutôt la pensée que nous avons conçue, le rouage que nous avons construit pour le service de la grande machine de l'Univers ? Et ne peut-on pas imaginer un homme d'étude qui place son bonheur dans la confiance que ses découvertes traverseront, fécondes, le cours des siècles et apporteront une pierre solide pour bâtir l'incomparable édifice de la Connaissance ?

La Connaissance ! Tel est le but suprême et la suprême aspiration du bouddhiste. Le progrès doit être continu, le monde doit sans cesse se perfectionner ; mais le seul progrès réel est le progrès moral. Ce qu'il faut réaliser en ce monde, c'est l'augmentation graduelle et constante de ce progrès moral. Le moyen d'y parvenir consiste à multiplier sans cesse le nombre des collaborateurs de la pensée, ce qui revient à dire, le nombre des pionniers de la suprême émancipation. Comme conséquence pratique, le Bouddhisme demande pour tous le droit au repos du corps, afin de donner à chacun les moyens de mettre en mouvement les rouages de la réflexion. Assurer à autrui le calme nécessaire pour se recueillir, telle est la meilleure et la plus haute application de la Charité.

Mais ce n'est pas seulement la compassion de l'homme pour l'homme que préconise le Bouddhisme : son immense regard embrasse la nature entière. Les êtres, quels qu'ils soient, sont tous destinés au nirvâna ; et par les êtres, il faut entendre les animaux, les végétaux, et même les corps inorganiques. Le Christianisme n'a pas absolument contesté aux animaux la possession d'une âme rudimentaire, et saint Augustin leur accorde une ombre de la Connaissance (*quædam Scientiæ similitudo*). Il va plus loin : il admet, non seulement chez les plantes, mais jusque chez les minéraux, quelque chose qui ressemble à l'amour (*velut amores corporum momenta sunt ponderum*). Les bouddhistes n'ont pas eu d'hésitation : les substances inorganiques, elles aussi, se développent, s'agrègent et se désagrègent suivant la loi générale de l'évolution et du transformisme. Nulle part la vie n'est absente dans l'univers. Supposer un endroit où la vie n'existerait pas, serait un non-sens, une absurdité. La mort n'est qu'une illusion, la formule d'un malentendu : elle ne se manifeste en apparence que par les nécessités mêmes de la vie qui exigent sans cesse le mouvement, sans cesse des combinaisons nouvelles.

Du moment où la vie est partout, l'amour doit s'étendre à tous les êtres sans exception ; et du moment où tous les êtres ont à lutter contre la souffrance avant d'aboutir à la libération, tous ont droit à la Charité.

Le Bouddhisme est, de la sorte, essentiellement une religion d'amour. Les êtres, sans distinction, jouissent tous à ses yeux des qualités virtuelles nécessaires pour atteindre à la Connaissance. A un moment donné, ils n'occupent pas tous, il est vrai, la même place sur l'échelle zoologique : il est juste qu'ils supportent dans chaque vie les conséquences de la liberté dont ils ont été investis et qui les a laissé libres d'accomplir volontairement de bonnes ou de mauvaises actions durant des existences antérieures. Il dépend de leur volonté d'obtenir, après la mort, un organisme plus ou moins heureux, plus ou moins favorable à la réalisation de leur destinée. Tous sont solidaires les uns des autres ; tous sont appelés, tous seront élus : personne ne sera condamné à un enfer perpétuel. L'Enfer, d'ailleurs, dans la pensée des bouddhistes — du moins dans celle des sectateurs les plus éclairés du Grand-Véhicule, — n'est autre chose que le remords et l'absence d'amour, comme dans la pensée de sainte Thérèse. Il n'existe qu'un Purgatoire, et le Bouddhisme n'hésite pas sur l'endroit où il est placé : le Purgatoire est partout où se rencontre la forme, où évolue la matière. Il est sur notre globe, et aussi bien dans les innombrables régions du firmament étoilé. Les dieux eux-mêmes, infiniment plus parfaits que les hommes, mais néanmoins encore accessibles aux passions, subissent, dans une mesure allant il est vrai sans cesse en s'amoindrissant, les tentations, les amertumes et les souffrances inhérentes à la vie, *tota pœna, quia tota vita est tentatio* (saint Augustin, *Cité de Dieu*, XXI, 14). Comme les hommes, ils ne sortiront définitivement du tourbillon des désirs qu'après s'être débarrassés des dernières attaches du moi, des dernières servitudes de la personnalité et de l'égoïsme.

Ils en sortiront, les dieux et les hommes, pour entrer dans le *nirvâna*, mot dont on a dénaturé en Europe le sens de fond en comble, parce qu'on n'a pas compris dans quelle acception il fallait entendre les termes hindous que nous avons rendus par *vide* et par *néant*. Si les Anciens disaient que la nature a horreur du vide, c'est parce qu'ils concevaient le vide d'une façon absolument étrangère à l'idée bouddhique. Le « vide », pour les disciples du Tathâgata, c'est l'absence de tout ce qui nous enchaîne aux servitudes inhérentes à la forme ; le « néant », c'est la délivrance définitive et absolue de tout ce qui nous rattache à ces servitudes.

Si le nirvâna était l'anéantissement comme on a voulu l'entendre, — l'amour sans bornes, sans restriction, sans relâche, tel que le comprend le Bouddhisme, n'aurait d'autre but que de poursuivre la destruction complète, sans retour, éternelle, de l'objet même de l'amour! Du moment où la vie serait sans perpétuité et sans sanction, la pratique des austérités serait une niaiserie et leur enseignement un méfait. Bien que la doctrine de Çâkya-Mouni ait transporté l'idée d'amour dans les sphères de la spéculation, bien que ce grand instituteur lui ait donné, comme saint Paul, un objectif extra-terrestre, — ce qui semble, au premier abord, attentatoire à l'intérêt immédiat des créatures, — on peut affirmer que cette idée s'est traduite par une mansuétude qui n'a jamais été surpassée dans aucune autre manifestation religieuse de la morale humaine. La légende du Bodhisattva, qui représente l'esprit du Bouddhisme primitif, nous en fournit le plus touchant exemple.

Le Bouddha, avant de parvenir à la Connaissance, est un fils de roi, élevé au milieu du luxe et des innombrables joies d'une cour opulente. Le tableau des souffrances des hommes lui dessille les yeux, lui révèle la haute mission rédemptrice qu'il est appelé à accomplir. Il réfléchit aux causes de la douleur, et découvre par la méditation les moyens d'y remédier. Aussitôt il abandonne son père vénéré, s'arrache aux embrassements de la belle Gôpa, son épouse, quitte son palais, renonce aux grandeurs, échange ses habits somptueux contre des haillons de mendiant et commence son œuvre. Après s'être imposé toutes les abstinences de la chair, toutes les mortifications du corps, il parvient à la connaissance de la Loi ineffable qui doit sauver les créatures et leur ouvrir la porte du nirvâna.

Cependant il hésite à faire connaître au monde cette Loi calme, très calme en réalité, cette Loi *vide*, parce qu'elle ne prend rien pour appui. Peut-être est-elle inintelligible pour les hommes dont elle révolte les appétits grossiers, auxquels elle ne promet pas le genre de salaire qu'ils veulent recevoir. Et silencieux, il se propose de demeurer inactif dans la forêt.

En ce moment, accompagné de Çâkra et d'innombrables myriades de dieux, Brahmâ, le grand Brahmâ, dans l'espoir d'arriver lui-même à tourner un jour la roue de la Loi, vient s'agenouiller devant les pieds du Bouddha et le supplie de sauver les créatures :

« Lève-toi, vainqueur du combat ! Fais pleuvoir l'eau excellente de la Loi ; fais franchir l'océan de la transmigration à ceux qui s'y trouvent plongés ; délivre à jamais les victimes de la souffrance ; rend calmes ceux que brûle la corruption corporelle. »

Le Bouddha jette les yeux sur le monde ; il voit les hommes, les uns embourbés dans l'erreur, d'autres entrevoyant la vérité, un grand nombre enfin demeurant dans le trouble et l'hésitation. Tels, au bord d'un étang, sont les lotus, dont les uns ne parviennent pas à dépasser le niveau de l'eau, tandis que les autres s'élèvent au-dessus, ou bien demeurent entre deux eaux. Et le Bouddha réfléchit que s'il ne prenait pas la parole, la partie indécise de l'humanité, la partie innombrable de l'humanité, n'atteindrait point à la Connaissance.

Et alors le Bouddha, plein de miséricorde pour Brahma, le Dieu suprême, et de compassion pour les hommes indécis, consent à tourner la roue de la Loi et à faire connaître aux dieux et à toutes les créatures les préceptes de son enseignement.

Ces préceptes, au nombre de trois — s'abstenir du péché, pratiquer la vertu, rendre son cœur pur, — se résument dans l'amour du prochain, dont il fait le couronnement de l'édifice.

A ceux qui ambitionnent d'arriver au plus vite à l'émancipation finale et qui, dans ce but, se consacrent à la vie monastique, il ordonne de ne rien posséder, de ne se nourrir que de vivres dus à l'aumône, de renoncer aux relations charnelles, de repousser les liqueurs enivrantes, de ne prendre des repas qu'à des heures déterminées, de ne point se livrer à la danse, de ne point prendre part aux chants, de ne point faire usage de parures et de parfums, de ne pas se coucher dans des lits larges et moelleux, de repousser les dons inutiles, de s'abstenir du trafic, de la lecture des récits frivoles et de toute correspondance écrite avec des laïques.

A ceux qui ne se décident point à sortir du tourbillon du monde, et qui cherchent cependant à éclairer leur esprit et à améliorer leur cœur, il recommande de ne point ôter la vie aux animaux, de ne point voler, de ne point se livrer à un commerce sexuel illégitime, et enfin de ne point absorber de liqueurs enivrantes ou de substances soporifiques.

Le Bouddhisme, en dehors des sévères injonctions que renferme le code de sa discipline monastique, a la prétention d'être quelque chose de plus qu'un enseignement religieux et philosophique. Dans la vie mondaine, il se présente comme une doctrine socialiste.

Ceux qui possèdent des richesses et, par mauvais vouloir ou indifférence, ne les consacrent pas tout entières à la cause de l'humanité; ceux qui font usage du superflu, sans songer que ce qu'ils possèdent en trop manque à autrui, l'oblige à un travail matériel incessant et lui enlève les moyens de penser et de réfléchir; ceux qui considèrent leur fortune autrement que comme un dépôt dont ils doivent rendre un compte journalier à leur conscience; — ceux-là sont en révolte avec la nature.

En conséquence, le Bouddhisme enseigne que la Charité est la plus solennelle des obligations de

www.ingramcontent.com/pod-product-compliance
Lightning Source LLC
Chambersburg PA
CBHW060929050426
42453CB00010B/1926